AF440115

EL ENEMIGO INVISIBLE

ExLibric

LOLY SANTANA LARA

EL ENEMIGO INVISIBLE

EXLIBRIC

ANTEQUERA 2022

EL ENEMIGO INVISIBLE
© Loly Santana Lara
Diseño de portada: Manuel Astorga Santana

Iª edición

© ExLibric, 2022.

Editado por: ExLibric
c/ Cueva de Viera, 2, Local 3
Centro Negocios CADI
29200 Antequera (Málaga)
Teléfono: 952 70 60 04
Fax: 952 84 55 03
Correo electrónico: exlibric@exlibric.com
Internet: www.exlibric.com

ISBN: 978-84-19269-45-4
Depósito Legal: MA 811-2022

Nota de la editorial: ExLibric pertenece a Innovación y Cualificación S. L.

LOLY SANTANA LARA

EL ENEMIGO INVISIBLE

A mi nieta Jimena

Prólogo

La poesía, tan difícil de escribir para la mayoría, al menos lo es para mí, fluye a borbotones en este sencillo poemario. Surge del interior, como si de un volcán que expulsa su lava del interior se tratara. Es poesía de sentimientos, del corazón, sin grandes pretensiones literarias, pero sí con inmensas dosis de dulzura. Así es la poesía de Loly, así ha escrito El enemigo invisible, contando su vida, sus pasiones, sus penas, sus temores, sus añoranzas, sus amores, sus ilusiones y desilusiones. Es, en definitiva, la poesía de su vida, que nace fresca día a día, según van pasando las horas o lo que acontece en cada momento.

Leyendo estas poesías se puede conocer a Loly, ya que en ellas se relata la vida de una persona cualquiera, que trata de poner sobre un papel sus recuerdos más inmediatos, aunque hayan sucedido hace tiempo, pero que se conservan en su corazón, y en ese momento del día le inspiran para escribir.

Al contrario de lo que sugiere el título, para mí estas poesías no son nada invisibles, son transparentes y claras, ya que te sitúan en la posición de la autora, de manera que en cada una de ellas puedes vivir una pequeña historia contada desde un rincón de la «Sierra» en Archidona.

Eduardo Poyato Lara

LATAS

Las latas de mi niñez
eran viejas, mohosas, abolladas, sucias,
pero abundantes y muy ruidosas.
En la calleja de San Antonio,
tal día como mañana,
los niños amanecíamos
buscando en el basurero
(donde hoy hay un colegio
llamado Virgen de Gracia).
Hacíamos largas tiras
como viejas y sucias guirnaldas.
Los niños tiraban de ellas.
Las niñas dábamos palos
para que fuerte sonaran.
Llamábamos a los Reyes
la víspera por la mañana.
Los dedos morados de frío,
la cara roja y helada.
No íbamos a la calle Carrera
ni a nuestra plaza Ochavada.
Pero en calles y callejas
llamábamos a los Reyes
y ellos…
¡Nos escuchaban!

REGALO DE REYES

Se posó la mariposa de colores
convirtiendo en flores las espinas
que la vida nos dejó con sinsabores.
Movió las alas
y pintó nuestra vejez de esperanza,
compartiendo sueños,
cultivando amor,
polinizando ilusiones,
floreciendo la luz en el alma.

7 DE AGOSTO 2020

Sola, vacíos los huecos
de tus campanas,
un año más, silencio en tu alma.
Desperté sobresaltada.
¿Cómo pude olvidar
una fecha tan señalada?
Siete de agosto, repiques
ausentes de la alegría
que siempre representaban
sonaron extraños
en la brisa fresca de la mañana.
Este año no será fiesta,
una plegaria será
llena de fe y esperanza.
Miré a la torre
a los pies de mi cama
y escuché su silencio,
y sentí que rezaba.

14 DE AGOSTO DE 2021

El catorce se repite
anormal, triste.
Los repiques suenan
e inundan nuestros corazones.
Una flor a tus pies,
una vela ante tu imagen,
una oración en el aire.
Agosto cae con fuerza
con sus calores,
reteniéndonos en el hogar,
añorando aquellos días.
La juventud inundaba
nuestras vidas.
Las ilusiones se llenaban
de cantes y romería.
La esperanza
bailaba en la verbena.
Amores nuevos,
amores primeros en feria.
Con los repiques de fondo,
besos al amanecer,
casetas, cofradías,
tradiciones en el recuerdo.
Hoy toca siembra
para cosechar mañana,
para que nunca se pierda

la tradición de mi pueblo.
«Archidona sin feria»,
con devoción, un requiebro,
una oración a la reina
de Archidona y de los cielos.

A Manu

Gigante como los árboles
milenarios,
coronado con la luz del sol.
Seguro como el camino de piedra
que marca el sendero.
Natural como la maleza
cubierta de amapolas.
Limpio como el horizonte.
Libre como las mariposas
que se posan
en las margaritas silvestres.
Sin secretos, sin dobleces,
así eres tú
y así es como yo quiero verte.

ABRAZOS

Despertar con el canto de los pájaros,
sentir la brisa acariciando la piel,
el aroma del geranio,
así es mi paraíso,
en mi casa y en mi patio.
La vida nos da regalos
que no los paga el dinero
Solo nos falta ver juntos
a los hijos y los hermanos.
Que Dios nos dé salud
y volverán los abrazos.

ACUARELA

Flores en el alma,
inmortales y de colores
en el papel pintadas.
Regalo para los sentidos
decorarán las paredes de la casa.
Perdurarán en el tiempo,
recordarán nuestros
veranos ardientes
y los fríos inviernos.
Se borrarán los recuerdos
de nuestra vida.
Ellas fueron testigos
de días tristes,
de mañanitas claras,
de risas y llantos,
de arrugas y canas.
Flores, sentimientos.
Flores en el alma.

ADIÓS A UN AMIGO

El mar se ha quedado en calma,
el sol se ha puesto otro día.
El horizonte y su luz
se han llevado tu alegría.
¿Qué escondías en tu alma
que nos privó de tu vida?

AL POETA

Un rasgueo de guitarra,
la soleá vuela en el aire,
le sigue el taconeo de una gitana
Verde aceituna tu alma,
rodeada de poesía.
Un adiós sin flores,
despedida sin palabras
Tu huella
no se borrará en la arena
de los amigos del alma.
Discreto y silencioso
te marchas.
Llevarás a mano el bloc
«como siempre»
para escribir tus versos,
nuestro querido amigo Rafa.

ALEJANDRA

Cuando todo esto pase,
quiero abrazarte
llenarte de besos,
tendré que enamorarte
para que aceptes caricias
de esta extraña tan grande.
Quiero mecerte y contarte cuentos,
también quiero a rezar enseñarte,
aunque para todo eso
tendré que conquistarte.
Quiero, mi niña, soñarte
en un mundo nuevo y libre
sin mascarillas ni desinfectante.
Quiero subirte a una nube,
las estrellas enseñarte.
Qué bonito, mi muñeca,
es soñar con abrazarte.

ALOE

Esta noche templada
de primavera
recreé mis ojos en la flor
esbelta y orgullosa
del aloe vera.
De la maraña de hojas espinosas
surge la flor suave y orgullosa
Si aprendiera de ti, naturaleza,
no serían tan amargos mis desengaños,
ni tan grandes mis tristezas.
Si de tu valentía yo aprendiera,
vencería orgullosa las espinas
que me atrapan y me enredan
traicioneras.
Quiero ser gelatina generosa
como tu corazón
bajo espinas dolorosas.
Curar la vanidad,
vencer la envidia,
Enredarme como tú haces
con tus hojas,
amparando las marchitas,
abrazando las frondosas,
compartiendo las más feas
y las más hermosas.

AMANECE

Amanece de nuevo.
El sol y la naturaleza
lucen con todo su esplendor.
Los humanos,
pequeños átomos del universo,
nos debilitamos.
El virus campa a sus anchas,
destruyendo el mundo de cartón
que hemos creado,
contaminando inconscientes
el aire que se nos cedió.
Somos pequeños,
pero destructores.
El odio y el interés
corrompen nuestro cuerpo,
que se va apagando
mientras perdemos el tiempo
que creímos nuestro.
El sol se pone majestuoso cada día,
mostrándonos
la grandeza del universo
y nos hace sentir
aún más indefensos.

AMIGA

La felicidad te acecha.
Tú no la dejas entrar,
la tienes ahora en tus manos,
no la sabes apreciar.
Tienes tres hijos hermosos,
trabajo, agua y pan,
y no miras más que al abismo,
te encierras en la oscuridad.
Envidias a los demás,
tienes la dicha en tu vida
apréndela a valorar.
Los caminos son de espinas,
pero los cubren las rosas.
Respira hondo
aspirando su perfume,
disfruta de su hermosura
y no las quieras cortar;
si sorteas las espinas,
nunca te las clavarás.
Llora. Cuando las lagrimas
te generen dicha y paz,
aprecia las pequeñas cosas,
ahí está la felicidad.
Cuidado con lo que deseas,
no lo vayas a encontrar.
La felicidad la tienes ahora.
Vívela, disfrútala.

ANIVERSARIO

Trece años recorriendo
juntos el camino.
Piedras y espinas
dañaban nuestros pies.
Sueños e ilusiones
alimentaron el alma.
Luchamos con las adversidades,
pintamos el futuro,
hicimos poesía de los sinsabores.
«Y llegamos hasta aquí».
Podrá el destino romper el tiempo,
el dolor habitar nuestros cuerpos,
la nieve cubrir nuestro lecho,
el olvido inundar la mente.
Pero siempre quedará
el amor, la complicidad,
el cariño tan grande
que poseemos.
Nunca olvidaremos
el calor de nuestros cuerpos,
la pasión de nuestros besos.
Feliz aniversario,
mi compañero querido,
mi amigo,
mi gran amor,
mi artista favorito.

MI BALCÓN

Aprendí a mirar por el balcón
—que nunca lo hacía—,
a ver las nubes bailar y cambiar,
a contemplar las montañas sin prisa,
a tomar el sol en mi ventana,
a llorar en la oscuridad,
a pasar los días sin horas,
las horas sin semanas.
Apreciar la libertad,
añoro a mis amigas,
acudir a los ensayos,
pero no puedo vivir
sin ver a mi familia,
abrazar a mis hermanos,
besar a mi chacha,
visitar el camposanto.
Quiero besar a los niños,
verlos reír,
escuchar su risa y su llanto.
No aprenderé, soledad,
a olvidar el calor humano.
Quiero abrazar a mi hijo,
no sé vivir sin abrazos.

BUSCÁNDOTE

A mi querido hermano

Se acerca el horizonte luminoso,
intenso, pacífico, hermoso.
Te buscaba en los recodos del camino,
no estaba tu figura.
La música se quedó con el jilguero,
la noche se tornó fría y oscura.
Abrumada el alma,
escondida bajo tu llanto callado,
habitando en los sueños compartidos
el amor y la complicidad de hermano.
Veo tan cerca la luz del horizonte,
tentadora como vieja primavera,
perseguida y temida por los hombres,
ahogaré en su resplandor esta tristeza.
Se acaba mi camino sin tus sueños,
sin tu canto, sin tu voz,
sumergida en tu cálido silencio.
Alejándome cansada te persigo.
Amanece un día tras otro
Las flores de mi jardín
son los testigos,
mil luceros en el cielo
y las piedras del camino
de que buscaré tu aliento
hasta el último suspiro.

FLORES

Campanillas silvestres
bajo el almendro,
únicas y diferentes,
luces en las tinieblas,
naturaleza de color
esperanzadas y alegres.
Como la vida florecen
en mitad de la ortiga picante,
enredadas en los espinos verdes.

PRIMERA FLOR DE PRIMAVERA,

varita de San José.
No existen los silencios
para el alma del poeta,
las musas marcan el ritmo
mientras florecen las letras.

CANAS

Viviendo el otoño
de nuestras vidas.
Cuando el amor se vuelca
en la belleza del alma.
Cuando el cuerpo
se va marchitando.
Cuando florecen
los más bellos sentimientos.
Cuando la pareja
son realmente uno,
y sus piernas son las mías,
las manos caminan unidas
compartiendo cada día,
disfrutando de la mutua compañía.

CARICIAS

Llegó enero,
frío y heladero.
El sol relampaguea
en un cielo azul
sobre los campos
cristalizados por el hielo.
Tus manos recorren mi cuerpo,
bálsamo para mis doloridos huesos.
¡Ay, amor!
En el calor del brasero.
¡Ay, amor!
Bajo las sabanas
en silencio,
acurrucados los dos
en el calor de los besos
¡Ay, amor!
¿Qué sería de los dos?
En el frío del invierno.
En el calor del verano.
En la soledad del desierto.
¡Ay, amor!
Compañero de mis sueños,
amante de mis silencios.

CERTAMEN

Brillaba un lucero
en el cielo limpio y roseado
del atardecer.
Insistente, trataba de hacer sombra
a la luna menguante y recortada
que anunciaba la noche.
Noche mágica
de poetas y de sueños,
noche de sentimientos.
Y el lucero
siguió alumbrando
mi camino y mis versos,
y en él veía a mis padres
mirándome desde el universo.
Se trataba de soñar
y allí alimenté mi sueño.

CINE DE VERANO

Los dompedros,
igual que siempre,
inundan los arriates
perfumando el aire,
la dama de noche,
ajenos al tiempo
como cada año.
Cada estío
asoman sus campanillas
como hace mucho tiempo
en aquel cine de verano.
Sillas de aneja blanca,
películas románticas
de vaqueros y romanos.
Una caja de madera,
un chiquillo,
los refrescos pregonando.
Una cántara de corcho
vendiendo polos
llevaba otro.
A la salida, el carrillo
de los helados,
un barquillo de canela,
la bola de tutifruti.
«¡De las grandes, para mi novia!»,
decían los hombres

jóvenes y enamorados.
Qué bonitos los dompedros
de aquel cine de verano.

COLORES

Las flores que crecen en el patio,
vivas, hermosas, de colores.
Quise atraparlas
como alegres mariposas,
como a los sueños,
las ilusiones y los amores.
Quise grabarlas en sus piedras,
pintarlas sobre la tosca.
Quise que no se deshojaran
cuan margarita que contesta
las preguntas de un adolescente.
Solo las grabe en una máquina
para conservar algo
de su hermosura.
Se esfumó su perfume,
cayeron los pétalos,
y yo, solo las recuerdo.
Las miro en un vídeo casero
torciendo la cabeza,
pues no sé ponerlo derecho.

Cruz de Mayo 2020

Lloró abril sobre los tejados,
empañó el vaho
los cristales del hogar
con el calor humano.
Le prestó marzo
sus vientos huracanados,
pero no pudo el agua con el virus,
no barrieron los aires
su mal asentado.
La soledad de los que partieron
rompe en un llanto amargo,
el tesón de los soldados
en las trincheras luchando
permitió que hubiese pan,
de fruta surtió el hortelano,
desinfectaron las calles
los hombres buenos del campo.
Peleando cada día
el bombero, el voluntario,
el periodista, la radio,
el político más bueno, el regular,
el más malo.
Los científicos, sin dormir,
están luchando
por encontrar la vacuna
para poder remediarlo.

Y en primerísima fila
los valientes sanitarios.
Yo solo para cuidarme
tuve que quedarme en casa,
en el calor de la lumbre
con un plato de garbanzos.
Bien comida, bien bebida,
por internet alternando.
Pues encima «protestando».
Este año las Cruces de Mayo
en mitad de las macetas
rodeadas de geranios
abren sus brazos al cielo
en la tosca enmohecida
de mi casa y de mi patio,
en el sueño y el recuerdo,
en viejas fotos de antaño.
La plaza desconsolada
sin los niños con las cruces
y sus primeros helados
con sus trajecitos nuevos
y vocecitas diciendo:
«La Cruz de Mayo, la Cruz de Mayo»,
las monedas y los bolsillos
se han quedado congelados».
Y la Cruz abre sus brazos
en esta hermosa mañana,
implorándole a los cielos
tiempos de paz y esperanza.

DE CELEBRACIÓN EN CONFINAMIENTO

En un día como hoy,
día de celebración,
vamos a hacer una fiesta
para celebrar los Pacos.
Lo haremos con el corazón,
saldremos de cervecitas
para dar gusto a todos,
iremos a comer *pizza* de anchoas,
que le gusta a Antonio.
El Woolf no puede faltar,
porque le gusta a Carmela,
la más linda, la más bella.
Cervezas 00 para Paco, Dulce y su Chelín.
Una tapita especial
de algo que me guste a mí.
Vino del bueno para Francisco,
que es su día.
Pero que no se descuiden
Mayka, Mari Carmen y Paqui.
A lo tonto, las tres se hinchan.
Habrá queso para Pepita,
jamón del bueno para Pura,
se lo ha mandado la dietista,
María estará contenta,

porque hoy su marido
se la trae de Antequera.
Rosita traerá amigas y compañeras.
Tere Pozo, por si acaso,
tráete un buen chocolate.
Noé, tú le dices que haga un rosco.
Mari Tere vendrá hoy,
los niños no tienen futbol.
Viki y su Joaquín
también vendrán con los suyos.
María Paredes,
hoy saldremos del encierro.
Ya sabes, hay chocolate,
déjate ya de butaca
y haz bolitas de naranja.
¿José? Estará haciendo el vídeo.
Pues déjalo, que salimos del exilio.
Iremos a por Tere Luque,
nos vamos a emborrachar.
Y a la que no lea esto,
a esa la vamos a multar.
Con las flores en los patios
y las montañas *nevás*,
celebraremos los Pacos.
«Las Cómicas van a soñar».

DESÁNIMO

En la cama
con los ánimos escondidos
bajo las sábanas.
La luz entra por la rendija
de la ventana.
Tras ella
se abre el horizonte.
¡Silencio!
Un silencio oprimente
flota bajo el cielo azul.
Lloran las almas,
pesan los meses de pesadilla
en mitad de la aparente calma
La pulcritud del cielo engañosa
en el aire esconde
diminutas partículas
que envenenan el cuerpo.
La mente se atrofia,
los ojos se empañan
viendo pasar la pérdida
de libertades conquistadas.
El sol se vuelve sombras
y la tristeza se aposenta
en nuestras vidas,
que lentamente pasan.

ESTÁS TÚ

Blanca como un rosquete
como la nieve blanca,
como la luz de la mañana.
Tu ausencia blanca
Tu voz en mi alma,
blanco tu recuerdo, tus enseñanzas.
Y vuelve la nostalgia,
dulce, consoladora, inmaculada.
Te siento en los rincones,
te encuentro en los latidos
de mis mañanas,
como una seda que se escurre
entre los dedos,
como un sueño que no acaba.
El sudor de los poros de mi piel
te llama
como una suave melodía,
creo escuchar tus palabras.
Estarás siempre
en cada pared blanqueada
en cada una de mis lágrimas,
en cada flor, en cada piedra,
en cada uva de la parra,
en cada momento de nuestras vidas,
en cada centímetro de nuestra casa.

Estrellas

Arden las entrañas de la tierra,
se estremece, tiembla,
en el amanecer el agua quema.
Mientras, nos creemos vencedores
del virus que asola la humanidad.
Limpias, nos observan las estrellas
desde su inmensidad oscura.
Nos estiramos para alcanzarlas,
nos preparamos para contaminarlas.
El ser humano,
una partícula pequeña
desde su lejanía.
No vemos
que cuando su luz nos llega,
ya estamos extinguidos para ellas.

FELICIDAD

Sus ojos, un reflejo de mis ojos.
Las ilusiones,
mariposas adormecidas,
reales, sentidas.
Los recuerdos,
retazos de nuestra vida
que no impiden ver la luz,
recorriendo caminos nuevos,
valorando sentimientos,
venciendo los olvidos mutuamente,
creando un nuevo mundo.
Pero nada es diferente:
el cariño, la bondad,
la sencillez, la humildad,
una mesa camilla
y una camita caliente,
ver a tus hijos sanos
y a los nietos sonrientes.
Eso es la felicidad
para el cuerpo y para la mente.

FLAMENCO

Sonaba la guitarra,
la voz desgarrada y melosa
del cantaor,
haciendo vibrar los viejos
muros de ladrillo.
Estremecidos,
nos empapábamos
del alma y la sabiduría del «Poeta».
Como decía el viejo mago:
«Archidoneábamos».
Empapada el alma,
en los viejos y sentidos cantares
colgaduras se bamboleaban en el aire.
El vino no podía faltar,
manjar de dioses.
Una musa flotaba y se escondía
tras los oscuros sentimientos
de los hombres.
Los celos, la envidia, el amor,
y los viejos recuerdos
lucharon y perdieron la batalla.
El orgullo rompió el abrazo.
Maldito es
cuando separa a los hermanos.

FLORES PARA MAMÁ

Se confundió el celindo de mes,
creyó al escuchar los pájaros
que era la primavera
y que estábamos en mayo.
Floreció hermoso, perfumado,
tímido, brotaron varios capullos,
se iluminó nuestro patio.
Y cuando la jardinera
regaba sus verdes tallos,
sorprendió que se asomaba a la vida
con sus pétalos blancos.
Recogió muy de mañana
jazmines para tu retrato
y te puso junto a ellos
agua fresca,
para poder conservarlos.
Hoy te veo sonreír, madre,
como si el aroma de mis flores
pudiera llegar hasta ti.

Hijo

Lo más importante del mundo,
la razón por la que vivo,
me siento dueña del cielo,
dichosa de haber nacido.
Reina de amor y de sueños,
me fundo como el horizonte.
Ama soy del universo,
como nieve me derrito
cuando lo tengo en mis brazos,
cuando contemplo a mi hijo.

HORIZONTE

Está cerca el camino,
no quiero volver
ni deshacer los andados.
La melancolía
disfraza las veredas
por donde corrí.
No eran tan verdes los prados
ni de colores tan vivos.
Fui feliz.
Lo que un día creí que eran piedras
hoy se me antojan libros abiertos
en los que aprendí a vivir.
El final desconocido
me hace frenar la carrera,
torpemente marco los pasos,
no daré uno de más,
uno de menos tampoco,
me llevaría al precipicio.
Observo el cielo
y siento tantos amaneceres perdidos.
La vereda esconde recodos
por los que nunca anduve,
nuevas flores
hay siempre por descubrir.
Mi andar se hace lento y pesado,
no correré a buscar la lluvia,

sé que me dará frío.
Cada vez más hermoso
se acorta el camino,
el destino se esfumó,
el mal físico
no contaminará el alma,
que se empeña en escapar
de este cuerpo marchito.

LIBERTADES

Desde este balcón,
desde donde cada día
conecto con el mundo,
doy rienda suelta
a mis sentimientos.
Queriendo imitar a los grandes,
intento hacerlo con versos
libres, sencillos, sinceros,
evitando las máscaras
que antes disfrazábamos
maquillándonos
y hoy las llevamos
ocultando la cara.
Todo es tan distinto,
todo cambió de la noche a la mañana.
El mundo gira
a una velocidad extraña.
Quiero volar y no sé por qué,
siento que están cortando mis alas.
Siempre hubo
quien se enriqueció
en las guerras
sin haber ganado batallas,
quien quitó las libertades.
¡Nadie apresará mi alma!

LÍDER

Córdoba está de luto,
llora al gigante que se fue.
Habitará siempre en los lugares
allá donde haya un compromiso,
donde exista la honradez,
grande, bueno, sencillo.
En un mundo de mentiras
hizo brillar la verdad.
Político, humanista,
honrado y comunista.
Así ha sido Julio Anguita,
sin discriminar jamás
al pobre, al jornalero.
Sencillo y profesor
vivió en su condición.
Guía, enseñante, ejemplo,
pasará a nuestra historia
como un gran luchador.
Un hombre, un político
que hubiese merecido
dirigir esta nación.
Ojalá tu vida inspire a otros,
tu recuerdo nos enseñe a ser justos
y hagamos un mundo mejor.

LUZ

Entró la luz en los hogares
de Archidona.
La niebla ocultaba los campos
en la gélida mañana.
Máscaras ocultaban sonrisas,
enemigos invisibles atacaban,
y nosotros sin coraza,
peleando en la oscuridad
encontramos la esperanza.
No hizo falta el sol,
eras tú quien alumbraba.
Tu rostro, Señor, la luz
que los caminos marcaban,
en la voz del cardenal
el mensaje nos llegaba.
Nos hablaba con ternura
del amor y la paz del alma.
Llenó con generosidad el corazón
a través de sus palabras,
sembró misericordia
en el calor del hogar
con la fe y la esperanza,
inundándonos de luz,
Dulce Nombre de Jesús,
en esta fría mañana.

MAREMOTO

Siento la ola acercarse.
Oscura y gigante
acecha implacable,
devorando a su paso
mis sueños, los planes,
tentadora, amenazante.
Con su espuma blanca
me invita a aceptarle
como la vida misma
en su ciclo imparable.
Desafiante, lucho
por que su gusto salobre
no consiga embriagarme.
El dolor empequeñece mi cuerpo,
pero el alma se crece
y de la flaqueza
resurge el coraje.
Lucharé por mi vida
en la negra tormenta,
pararé con mis sueños
esa ola gigante.

MARZO APOCALÍPTICO

Abrí mi ventana un día cualquiera
en un amanecer claro.
La tibia mañana de marzo
anuncia la primavera.
Se filtra el sol entre las nubes,
posando su luz sobre los tejados,
altivas torres en sus campanarios,
veletas que mueve el viento
sobre un pueblo blanco.
La niebla tenue, transparente,
refleja hileras de olivos.
Las sierras azulean con el resplandor
de un cielo, que entre nubes se pierde.
El Torcal, Gibalto, Las Cabras, Las Nieves.
A la derecha, la Peña, cambios de color y relieves.
Palomas vuelan hacia el horizonte.
Sus alas, como en un guiño parpadean.
Tres «Poetas» lloran
Archidona, Iznájar y Lucena.
El aire mueve los versos
entre jazmines, haikus, teatro y poemas.
Cantan y ríen los pájaros
siguiendo alegres su estela
a esos espíritus libres
que no se han ido.
¡Están ahí!
Nunca mueren los Poetas.

ME IRÉ

Cuando me haya ido,
no dolerán los huesos
ni me afectará el frío,
pero seguiré viviendo
en los genes de mi hijo.
Seré ángel de la guarda,
protegeré siempre a los míos.
Solo seré espectadora
del teatro de la vida.
Contemplaré las historias
que por no mirar
me he perdido.
Volaré sobre los tejados,
subiré a los campanarios,
me bañaré en los rayos del sol,
alcanzaré las estrellas,
la luna será un balcón,
un columpio,
un lugar privilegiado,
ese que nunca he tenido.
No me pesarán las piernas,
el egoísmo, la ambición,
o el orgullo.
Pero aún no me quiero ir,
nada es perfecto.
Por eso, aún quiero seguir
padeciendo en este mundo.

MELANCOLÍA

Como las nubes
que ocultan el sol,
oscura es mi melancolía.
Me revuelco en mis miserias,
hundida en la desesperanza.
Días negros
en que los males del cuerpo
enturbian el alma.
Yo, una gota de lluvia en el océano,
me permito dar un grito
en la tempestad
y siento en las fibras de mi cuerpo
el dolor que azota el mundo;
quiero detenerlo,
siento la impotencia
y poco a poco muero.

MENSAJE AL FUTURO

*2º Premio XXVI Certamen Local
de Poesía de Archidona*

Mírame con tus ojos inocentes,
bucea en mi corazón,
posee mi alma y mi mente.
No repares en mi yo,
mi pasado, mi presente.
Vete al polvo del rincón,
donde los baúles duermen.
En el fondo hay un amor,
un sueño, una mariposa verde,
un canto de libertad
en un millón de papeles
que sueñan con publicar
los retazos de mi alma,
de mi cuerpo inexistente.
Deja las horas volar
sobre las campiñas verdes,
sobre las tierras baldías,
sobre la vida y las gentes,
como granos de simiente
que se agarren a los campos,
que nazcan los brotes siempre.
Brotes de amor y esperanza

que fueron los sentimientos
de un sencillo ser humano
que bajo el suelo se pierde.

Mi cerezo se llama Rafael

Mascaste con tu huella
nuestras vidas,
reímos y lloramos,
compartimos la mesa
como hermanos,
bebiendo el mismo vino,
regaste con tus versos
nuestros sueños,
contagiando a los amigos tu pasión.
Las letras y el flamenco por bandera,
puro y generoso el corazón.
Serás nuestro recuerdo favorito:
un cerezo, una parra y tus libros,
el legado de un buen hombre,
un gran amigo.
Presente en la vida que florece,
primavera que la muerte nos dejó.
Cada año germinará el cerezo,
cada otoño caerá su flor,
el fruto en el estío
endulzará el recuerdo.
Tus libros en invierno
suavizarán el frío
y no te olvidaremos nunca,
amigo mío.

MIÉRCOLES = POESÍA

Emoción, pena, añoranza, pandemia,
luto en los patios de la poesía.
Revolotean las musas
sobre el tejado de la silla.
Llorando estaban en la distancia
los corazones tras las máscaras
que ocultaban los rostros
dejando visibles los ojos.
Inundaba la emoción la plaza,
bailaban los versos,
acompasados los haikus,
le acompañaban.
Música eran las vocecitas
dulces e infantiles
—las niñas recitaban—.
Vida en el silencio,
presentes los poetas
que se fueron.
Bálsamo, la voz melosa de José,
contaba historias con su poesía,
recorrimos con él caminos nuevos
y, a la vez, conocidos,
sueños y en la plaza Esperanza.

MUSAS

Las musas flotan en el aire
Los colores se manifiestan
en el rojo atardecer.
Don Carnal acecha.
La fiesta espera el pistoletazo de salida
para dar rienda suelta
a los sueños y las libertades.
Los poetas del pueblo,
ansiosos por cantar,
prepararon versos
reivindicando derechos,
denunciando injusticias.
Una Eva desnudará su alma
en el pregón.
Y la máscara hará honor
a un carnavalero de raíces.
Otra Eva hará la presentación.
Una comparsa y un viejo cuarteto
renovarán la ilusión,
llenarán los carnavales de alegría,
la Ochavada de coplas.
Manifestarán sus ideales
las gentes sencillas.
Y mañana inundarán
las calles de disfraces,
sembrando esperanza y semillas.
Y el próximo febrero
volverán a cosecharse coplillas.

NAVIDAD

Estará vacía nuestra mesa,
las estufas apagadas,
el callejón en silencio,
habrá calor en nuestro corazón.
El amor que nos enseñaste
perdurará en nuestra alma.
Cada uno en su casa,
estaremos juntos
alrededor de esas dos velas
que siempre presidieron la mesa
No podrá el virus romper
nuestros sentimientos.
Este año todos juntos
«en espíritu»,
como tú querías, mamá.

NOVIEMBRE

*2º Premio XXVIII Certamen Local
de Poesía de Archidona*

Altiva, la montaña
luce con la luz dorada
del atardecer.
Ajenos los olivos
a los humanos
verdean llorones
y frondosos,
cargados de verdes frutos,
esperanza de pan.
Se mecen con la brisa
caliente del seco otoño,
esperando con sus poros abiertos
la bendición de la lluvia,
la helada del invierno,
y seguirá altiva la montaña,
iluminada con el sol,
bañada por la lluvia,
acariciada por el viento,
Seguirá siendo refugio
de las grajas,
florecerán los lirios
y el romero.

Otras gentes escalarán
sus piedras
y otros pasearán
a su perro.
Pero ya se habrán
borrado mis huellas,
y el sol se seguirá poniendo.

OTOÑO

*2º Premio XII Certamen Local
de Poesía de Archidona*

Tienes mariposas en las manos,
pétalos de rosa entre los dedos.

Cultivas espinas en tu jardín,
ansias de caricias y de besos.

Caminos de sol esplendorosos,
noches frías de escarchas y silencios.

Quisiste alcanzar el horizonte,
sin alas poder surcar el cielo.

Ser estrella que alumbre los planetas,
flotando en el azul del universo.

Cadenas te atan a la tierra
de afectos que rompen con los sueños.

Primavera blanca en tus sienes,
esperanzas de un mar de terciopelo.

Paraíso

Desde mi ventana
contemplo la primavera,
las manos secas
de manipular la tierra,
los huesos protestan
por el trabajo realizado,
los tallos se alzan vivos
buscando el sol.
Mis ojos sonríen
ante tanta belleza.
Verde y rojo,
cemento y piedra,
un trocito de paraíso
donde me encuentro
con mis alegrías y mis tristezas.
Mi patio, parte de mi identidad,
alma de nuestra casa,
un día tierra de chumbos e higueras,
lleno de vida con sus plantas y sus macetas.

PATIOS PARA LA POESÍA

Se esfumará la tristeza
en la hora marcada
por el último miércoles.
Las plazas ya no quedarán vacías
en las noches de verano,
seguirán envueltas
en la dulce melaza de los versos.
Volarán los recuerdos
sobre los tejados,
flotando el espíritu
de los poetas bajo el cielo.
Haikus, poemas, soldados,
visiones de una niña
en blanco y negro,
47 soldados
marcaron un momento:
dos estrellas paralelas
separadas por el tiempo.
Bálsamo y arrullo de versos,
y en la prosa,
la nostalgia de una mujer,
poesía en sus sentimientos.
En los juegos infantiles
una chúcula, una niña
que añora a sus vecinos,
que dirige hoy a su pueblo.

Desde la plaza de San Roque
con sus padres y hermanas
en aquella barbería
que acunó sus primeros vuelos.
Poesía en las plazas,
poesía en mi pueblo.

Pena

Bajo un sol primaveral,
anormal en noviembre,
con el canto de los pájaros
y el doblar triste de las campanas,
comienza de nuevo el día.
Se van en silencio cada mañana
dejando atrás el sufrimiento
tras una lucha contra el hambre,
las injusticias, la libertad.
Llegaron con las manos vacías,
pelearon fuerte
por un mundo mejor.
Y ahora,
en la quietud de su vejez,
llegó el enemigo,
arrebatándoles
sus últimos suspiros en soledad,
sin el calor de los suyos,
traicionera,
oculta la muerte,
tras el EPI de un valiente sanitario.
Y cada día las campanas
amanecen doblando.

PERDIDOS

Como si el tiempo
se me escapara entre los dedos.
Otro domingo luminoso
lejos de todos,
arrebujados
en las cuatro paredes de la sala
bañadas de sol,
recreándonos en los patios,
sintiéndonos afortunados
en mitad del caos.
Mil tareas se hacen rutinariamente:
comer, guisar, dormir, descansar.
Trato de escapar
entre versos y labores,
crear, proyectar para mañana,
tener una razón más
en la rutina
de la nueva normalidad,
lejos de las gentes
pendientes de datos alarmantes.
Vivir lo que ha tocado,
pero por Dios,
que vuelvan los besos,
los abrazos y el teatro.

PERFORMAN

La musicalidad de los repiques
impregna el aire de sonidos
que acarician los sueños.
Los sentidos se embriagan
revolcándose en la dulzura
de los recuerdos.
Moldeamos y miramos
cada uno desde nuestro corazón
creando un ayer perfecto.
Y el ayer
se regodea burlón,
nos engaña
con el recuerdo.
¿Qué son los recuerdos?
La ilusión de lo que ayer fue un sueño.
Hoy le damos forma cada uno
y cada cual lo maneja en su silencio
Lo que es muy cierto
es que aquello ya no vuelve
y el próximo año no será nuestro.
Solo existe hoy, este momento,
son los repiques que mejor suenan,
los que al teñir las campanas
afloran en este lugar
y siento en este momento.

PESTIÑOS

Lebrillos vacíos
bajo la dulce sonrisa
de dos retratos.
Testigos de días de pestiños,
olor a vino y aceite,
aroma de miel,
risas de niños.
Arremangada la Morala
con su mandil de lona blanco
mientras sus diestras manos amasan.
Suena el batidor
sobre la cerámica,
magdalenas, mostachones,
niños que ríen y corren
alrededor de un lebrillo,
esperando los dulces
en las vísperas
de aquellas Semanas Santas.
Homenaje a mis abuelas,
las dos se llamaban Encarnas.

PIEDRAS

2º Premio XX Certamen Local
de Poesía de Archidona

Hasta las piedras florecen
al llegar la primavera.
La lluvia las ha empapado
en el pueblo y en la sierra.
Rompe la humedad el yeso,
aparece verde el musgo
sobre la tosca más vieja.
En el suelo de mi patio,
en el tejado de la iglesia,
en los ladrillos rojizos
que nuestra plaza sujeta,
revientan los arriates
en colores y belleza.
Entre los pinos y las flores,
las rocas tienen cubiertas.
La montaña es un volcán
de verdes y de violetas.
Mientras que se quebranta
el país con la pobreza,
nos devuelve la esperanza
la madre naturaleza.
Y con la fuerza que da

al ser humano la tierra,
superará esta crisis,
como al invierno la piedra.

PLEGARIA AL DULCE NOMBRE

Dulce Nombre de Jesús,
adivino tu rostro
que se dibuja en mis pensamientos.
Una oración sale de mis labios,
recorre los tejados,
se posa a tus pies
en la escalera de mármol
que está bajo tu altar.
Miro tu rostro en mis sentimientos
y te encuentro, Dios mío.
Estás en los corazones,
en las calles de tu pueblo,
en los templos, hoy desiertos,
en los abrazos ausentes,
en la ausencia de los besos.
Estás en nosotros, Señor,
cuando haces penitencia
en los viernes luminosos,
rodeado de devotos
con tu pompa y tu cortejo.
Pero es ahora cuando te veo
en las casas de tus hijos,
en las calles en silencio,
que guardan tras las persianas

la seguridad del pueblo.
Estás en los corazones,
en la esperanza y los sueños,
Dulce Nombre de Jesús,
dándonos fe y aliento,
asentado en los sentimientos
de todos los que te queremos.
Y sin hacer distinciones,
en los que te necesitan
en el mundo, en el país,
en Archidona, tu pueblo.

POESÍA

Bajo el laurel,
versos de amor
en el atardecer templado.
Última tarde de primavera,
los rincones de Caracate
inundados de geranios.
Muros y arriates blancos de cal,
habitados con aromas de lavanda
bajo el laurel centenario.
Bajo el laurel,
poetas de primeros pasos.
Poesía vivida, sentida,
la voz del poeta
inundaba el espacio.
Y sus versos
de amor apasionado
volaban de sus ojos a los ojos
de la que estaba escuchando.
Bajo el laurel,
poetas de primeros pasos.
Bajo el laurel,
soledades y amores
Bajo el laurel,
poesía en los patios.

POETA

Apareció el poeta
vestido de negro,
ocultando tímido sus ojos
con el ala del sombrero,
cantando versos
en la cálida tarde de verano.
La guitarra lloraba y reía.
Siguiendo el compás
de la soleá en el silencio,
escuchamos volar
el alma de Rafael
impregnada de flamenco.
Dulce veneno
que acompañó sus días
conviviendo con su cuerpo.
Una vez más regaló
junto a su alma
los más bellos sentimientos.
Generoso, amigo de sus amigos,
poeta, grande, flamenco.

POLÍTICOS

La primavera sigue su curso.
Los pájaros cantan en mi tejado.
La parra verdea desafiante,
mira el azul del cielo
y deja entrever
la vieja y altiva torre de ladrillo,
muda, silenciosa,
presente, inquebrantable.
Los humanos ríen y lloran,
se amparan en ilusiones
que se esfuman con el tiempo,
y pelean azoradamente
por el poder.

POTOS VERDES

1° Premio XIV Certamen Local
de Poesía de Archidona

Potos verdes colgaban de las paredes,
los azules flotaban por los rincones,
tres imágenes presidían la estancia,
como siempre.

Amistades, voces, saludos,
no teníamos muy claro
si era pasado o presente.

Hermanos, conocidos,
ruidos familiares,
pero risas diferentes.

Apoyados en la barra
con un vaso de vino,
invitando a un amigo,
queriendo mantener
lo que ya está perdido.

Escondiendo mil historias
tras la nube de nieve,
viendo como nuestros rostros
eran testigos presentes

de otoños que habían llegado,
de veranos que acababan,
de primaveras ausentes.

Los sueños se habían pegado
de aquellas cuatro paredes.

Mirando por la ventana,
se nos antoja creer
que todo es igual que ayer.

Las mismas caras, la misma gente,
el mismo vino, el mismo azul,
el mismo ambiente.

Y colgados de la pared,
también los mismos potos verdes.

PROTESTA

Un año más enmudecida,
despertando con el tañir
de tus hermanas,
llorando en silencio,
orgullosa torre callada,
sintiendo los repiques
en tus entrañas,
contemplando a tus vecinos
que las añoran y extrañan,
silenciosa gritando al pueblo
que te pongan tus campanas,
altiva y hermosa torre
de la iglesia de Santa Ana.

REINA

Esta mañana a las diez
repiques alegres sonaban,
llegaba nuestra patrona,
Santísima Virgen de Gracia.
Corrí por el callejón
a darle la bienvenida.
Cuando llegué, no la vi.
Tras la puerta cerrada
mi corazón la sentía.
Rezándote, madre mía,
con los ojos de mi alma
mandé al cielo mis plegarias
y me volví para casa
contenta y esperanzada.

REMORDIMIENTO

Silencio en la noche helada.
Escondidos bajo el cartón,
ocultando el rostro
bajo las sabanas,
hurgando con las uñas en el alma,
sufriendo por los errores que arrastras,
pensamientos crueles te arañan.
¡Es tan fácil herir a quien amas!
Nieve en el corazón,
palabras de escarcha,
apagando el fuego
que te calentaba
y te duermes rezando,
bañada en tus lágrimas,
caricias templadas
en la noche estrellada.
Encuentras consuelo
dando al cielo las gracias.
Reparador el sueño
alcanza la esperanza
cuando la luz ilumina
la helada mañana.

ROMERÍA 2020

Virgencita de Gracia,
no podrá el virus malvado
romper la fe y la esperanza,
no estará solo el camino,
lleno estará de plegarias.
Lo iluminará la luna
y bajarán las estrellas
para que no eches de menos
las luces de nuestras velas.
Un altar en cada casa,
no faltarán las flores
ni los cirios a tus plantas.
Romería en los balcones,
volantes, mantones, guitarras,
flores, escapularios,
luces, palmas, medallas,
que hoy no iremos al cerro,
hoy vendrá a visitarnos
a cada uno en su casa
la Santísima Virgen de Gracia.

Soledad

La soledad llenas las calles,
bajó el ángel protector a visitarnos.
Majestuosa, preside el templo solitario.
No hay bullicio en la plaza,
los niños no juegan
en los columpios cerrados,
solo se oye el canto de los pájaros.
Los rezos marcan el silencio
distantes, desinfectados,
pero vuela la esperanza en el tejado.
La parroquia se ilumina
con la luz de la Madre.
El silencio nubla el llanto
y la Reina desde el azul
acompaña al enfermo, al solitario,
riega el pueblo con la fe,
alivia los corazones,
da fuerza a nuestro espíritu,
que se adivina a sus pies
esperanzado rezando.

SOMBRAS

Sombras en el espíritu
vagan enturbiando el aire,
contaminando la luz que escapa
al atardecer,
marcando las siluetas
de árboles viejos,
hermosas o siniestras,
depende del filtro
de la mirada.
Perezosa llega la noche
sin estrellas,
la luna apagada,
la helada cubre
los campos sedientos
pidiendo agua.
Caminan lentos
por los caminos vacíos,
congelándose las raíces,
algunas florecerán
cuando las caliente el sol,
otras fertilizarán la tierra
seca y árida.
Se perderán como nuestros cuerpos
cuando la muerte
les arrebata al alma.
Y mañana volverá a salir el sol.

SUEÑOS

Aprendí hablar soñando,
a soñar en mitad del paraíso,
a soñar despierta,
que la vida es un sueño,
rodeada de los cielos
más limpios,
de las puestas de sol
más fascinantes,
de casitas blancas
y ladrillo visto.
Soñar bajo los arcos
de una plaza Ochavada,
de una ermita balcón del cielo,
de verdes montañas
con la Peña al fondo,
con un horizonte abierto
donde vuela el espíritu,
donde la historia
se hace cuento.
Vivir soñando
es vivir en mi pueblo.

TEMBLORES

Tiembla la tierra,
se rebela la madre naturaleza.
Azotamos los campos,
contaminamos las aguas,
violamos el aire,
corrompemos el sol,
dejamos de respetar
el medio ambiente.
La sociedad de consumo
llegó a límites de pecado.
Nos declaró guerra la tierra,
un soldado invisible nos atacó,
asoló pueblos y ciudades,
y fue debilitando nuestro mundo.
Los intereses y el ego de los humanos
se manifestaron más que nunca,
y la tierra sigue advirtiéndonos:
inundaciones, nevadas, temblores,
volcanes, tormentas.
Nuestro horizonte se aleja
rompiendo vidas humanas.
Azulean los cielos,
se cristalizan los mares,
verdean los campos,
se limpia el aire.
Cantarán los pájaros,

se poblarán los mares
y nosotros no lo veremos,
si no aprendemos a respetarles.

TORRE DE SANTA ANA

Siete de agosto, repiques.
Suenan a repiques mis sueños,
mis primeros amores,
mis primeros poemas.
Suenan a repiques mis años.
Suenan a repiques mis penas.
En tu torre vacía
escucho el tañir de las campanas
este día.
Cuando tocan los repiques,
esa música celestial
que cuenta con alegría
las venturas y desventuras
de mis años y mis días,
a los pies de Santa Ana,
de esa torre mudita,
una niña correteaba
con sus hermanas y amigas,
balanceando sus trenzas
al son de repiques crecía.
La peinaba su madre
al toque de las doce
para que se fuese a misa.
Vestida de gitana,
a los repiques de las nueve
a vivir la feria salía

con una flor en el pelo,
un amor, una poesía.
¡Ay, torre de Santa Ana,
cuántos años calladita,
pero aún suenas en el alma
de todos los que vivimos
en la calle Piedrahita!

Uvas

La parra, ajena al virus
que azota el mundo,
verde como la esperanza
engorda el fruto.
Almíbar que deleitará el gusto libre,
respirando bajo un cielo limpio,
acusando el verano que llega,
despide altiva
las últimas horas de primavera
a los pies de una torre vieja,
mostrando en sus troncos
la edad que la aqueja.
Mira hacia su torre,
compañera de sus días y sus noches.
Madurarán sus frutos
y cuando llegue el otoño,
mudará de color sus hojas
que cubrirán nuestros suelos.
Desnuda afrontará el frío
en los días de febrero.
Tras la poda en San Blas,
todo comenzará de nuevo.

VERANOS

Aquellos veranos
ardientes de ilusiones.
Aquellas siestas
de bordados y ajuares.
Aquellos paseos al anochecer,
sillas de aneja,
vecinas tomando el fresco.
Aquellos besos robados
en las callejas oscuras.
Parejas de enamorados
en la penumbra de un sibanco.
La cena será a las once:
tortilla de papas,
de habas el ajo blanco,
la cacerola de porcelana roja
en el centro de la mesa
sobre un hule de cuadros.
Natillas habrá de postre,
y a la puerta,
que nos están esperando.
Chistes de Lino,
parodias de Encarna y Rosario
(el novio ya se ha marchado),
Emilio nos cuenta historias
de una monja y un gato,
la Rubia ríe sin parar.

¡Qué buena era Rosario!
Nos dan las tantas riendo,
algún vecino protestando.
Aquellos veranos felices
llenos de calor humano
Aquellos años felices.
Aquellos ya se han marchado.

Versos

Las musas se ahogan en el puerto,
algas podridas las enredan
arrastrándolas al infierno.
Todo lo corrompe el ego.
Vastos contadores de sueños
se revuelcan en laureles secos,
pavoneándose tras un puñado de versos
de palabras rimbombantes,
medidos, tallados, perfectos,
vacíos, fríos, desiertos.
De ellos, y para ellos,
sin reparar en el mundo
que gira sobre goznes secos,
agoniza en manos de ladrones,
muere junto a la cultura
de hambre y de frío,
en los áridos campos
de refugiados sirios.
Allí florecen las musas,
donde mueren las ilusiones,
donde despiertan los sueños,
donde el hambre es poderosa.
El frío entumece los huesos
y el alma se alimenta solo
de maravillosos versos,
reales, sencillos, sinceros.

Ellos sueñan con un velero
en aguas limpias y un limpio cielo,
mientras en otro mundo
las musas se ahogan en el puerto.

VOLVERÁN

Hubo un tiempo
en que febrero
era el mes de las máscaras.
Ahora veo con desconsuelo
que es tiempo de mascarillas.
Quien gusta del carnaval,
gusta de cosas sencillas,
de verdades y rebeldías,
le gusta mirar de frente
con la cara destapada,
gusta enfrentarse a la vida
con honradez y franqueza
con alegría y coplillas.
Es duro para el coplero
no ir con la cara lavada
limpia y sin mascarillas.
Las que ocultan la sonrisa
para salvarnos la vida,
las que roban los abrazos
y la libertad mutilan,
las que nos salvan del virus,
el enemigo invisible
que se apoderó de la tierra
y rompe con el silencio,
la cultura, la costumbre,
la tradición compartida.

Se aposentó en nuestro mundo,
mientras rompe la esperanza
y nos amarga la vida.
Pero igual que el ave fénix,
resurgirá de sus cenizas,
volveremos a querernos,
iremos de cervecitas.
en un futuro de besos,
de fiestas y de risas.
Volverán los carnavales,
las colas en las taquillas,
los desfiles ruidosos
de pitos y de alegría.
Vendrá la Semana Santa,
la feria y la poesía
con la plaza abarrotada.
¡Volverán aquellos días
que nos veíamos la cara
y no existían mascarillas!

Índice

Sobre la autora

Loly Santana (Archidona, 1954) es escritora autodidacta desde muy niña. Ha sido galardonada con diferentes premios en distintos certámenes y concursos literarios, como el Certamen Poético Ciudad de Archidona o un premio de relato corto en Málaga (2006). Ha sido pregonera del carnaval (2005), de la feria (2008) y de la Semana Santa de Archidona (2014), además de autora del Pregón Zambra (2010). Ha publicado en los Cuadernos de Roldán (Sevilla) y algunas revistas literarias. Este poemario es una muestra de su miles de poemas, un paso más para dar a conocer sus escritos.